WM 2006
Geschichten, Gedichte, Sprüche, Fakten

AF222897

Titelbild: Andreas Sticklies

Herstellung und Verlag: Books on Demand GmbH, Norderstedt
ISBN 978-3-8334-6917-6

Andreas Sticklies (Hg.)

WM 2006
Geschichten, Gedichte, Sprüche, Fakten

Beiträge aus dem
Wettbewerb 2006

Anfang

„Papa, sag mal, wie sind die Menschen entstanden?"
„Ich hab jetzt keine Zeit, Junge!"
Er fing den strafenden Blick seiner Frau auf.
„Richard, nun will der Junge einmal etwas von dir wissen,
erklär's ihm auch! Ich gehe im Übrigen jetzt einkaufen, ihr habt
also genug Zeit, euch darüber zu unterhalten."
„Okay, okay – komm her mein Junge. Also, am Anfang war das
Nichts, nur Gott schwebte so umher und grübelte und eines
Tages sagte er sich: Mensch Gott, mach doch mal was anderes
und so pulte er sich all den Dreck aus den Ohren, der sich im
Laufe der Zeit dort angesammelt hatte und knetete daraus die
Erde. Da es aber ziemlich düster war und er dementsprechend
nicht viel erkennen konnte, stach er ein paar Löcher ins Nichts
und so entstanden die Lichtpunkte am Himmel, die du nachts
sehen kannst. Aber es war immer noch zu dunkel und so nahm
er einen großen Abfallklumpen und zündete ihn an – die Sonne.
Endlich konnte er anfangen, an der Erde herumzubasteln.
Gerade als er Berge und Täler gebaut hatte, musste er auf
einmal ganz dringend und da er nicht schnell genug wegkam,
flogen auch ein paar Tropfen auf den Dreckklumpen und so
entstanden die Meere. Nachdem Gott diesen „Zufall" akzeptiert
hatte, dachte er sich, es fehlt ein wenig Farbe an dem Knödel.
Er schnitt sich ein paar Haare ab und bepflanzte die Welt an
den Stellen, an denen das Land noch aus dem „Wasser" ragte.

Aber irgendwie war dort zu wenig los und Gott dachte sich ‚Hm,ich glaub ich werde mal ein Lebewesen integrieren', pflückte sich eines seiner Gene und schnitzte einen Einzeller, dem er die Fähigkeit gab, nicht nur sich zu teilen, sondern auch mit anderen ... nun ja ... Also, nach und nach entwickelten sich allerhand Tiere, die allmählich die Erde bevölkerten."

Der Junge schaute ungläubig: „Und was ist mit dem Mond?"

„Tja," antwortete der Vater „Gott konnte ja nicht ständig daneben schweben und so bastelte er aus dem Saharaberg noch eine Kamera, die immer um die Erde kreiste und ihm an jedem Ort des Alls die Bilder übertrug."

„Aber es gibt doch gar keinen Saharaberg", widerlegte das Kind, da es sehr aufgeweckt war.

„Stimmt, heute nicht mehr."

„Ja gut, aber wie sind nun die Menschen entstanden?"

Der Vater nahm seinen Sohn in den Arm und erwiderte: „Also, die Tiere entwickelten sich nur langsam und nicht in die Richtung, die sich Gott eigentlich vorgestellt hatte. Und so nahm er abermals eins seiner eigenen Gene, manipulierte es ein wenig, indem er die göttlichen Fähigkeiten herausschnitt und züchtete quasi daraus den Adam."

„Und weiter?"

„Als Adam wieder mal im Paradies umherwandelte, sagte er plötzlich zu Gott: ‚Gott mach was, mir ist langweilig!' und Gott nahm sich seines Wunsches an und überlegte sieben Tage und Nächte. Schließlich hatte er eine Lösung gefunden.

Er sagte Adam, dann musst du mir einen Teil deines Körpers zur Verfügung stellen, das kleine Stückchen Haut, was da so unnütz herumschlabbert. Also gab Adam Gott das kleine Stückchen Haut - und Gott erschuf den Fußball (Übrigens wird in einigen Gegenden das Stückchen Haut heute noch geopfert).

Adam sah den Fußball und war hellauf begeistert, aber auf einmal runzelte er die Stirn. ,Gott, mit wem soll ich denn Fußballspielen?' Tja mein Kind, daran hatte Gott nicht gedacht und so musste er sich herabbemühen und mit Adam Fußballspielen.

Nach einigen Tagen jedoch hatte Gott zum einen keine Lust mehr und zum anderen musste er sich schließlich auch mal wieder um seinen Job kümmern und er sprach also zu Adam: ,Gib mir mal 'ne Rippe, ich werde dir einen Klon bauen'.

,Aber Gott, ein Klon würde doch genauso agieren wie ich, das ist doch öde!' Da musste sogar Gott dem Adam recht geben. Also nahm er die Rippe, manipulierte wieder ein wenig an den Genen und erschuf Eva, was so viel hieß wie *Erste Verdoppelung Adams*. Er sah Adam so ähnlich wie ein Ei dem anderen, hatte aber ein anderes Wesen und wie sich herausstellte überhaupt kein Interesse an Fußball. Und es dauerte gar nicht lange und beide fingen an zu meckern: Adam: 'Keiner spielt mit mir Fußball, was ist das nur für ein Scheißleben' und Eva: 'Du beschäftigst dich überhaupt nicht mit mir und Adam denkt immer nur an Fußball'. Da wurde es Gott zu bunt, er nahm Adam den Fußball weg, schnitt ihn in zwei Hälften und montierte sie an Eva an – und so wurden alle glücklich und lebten in Frieden."

Der Kleine runzelte die Stirn: „Mami hat gesagt, Eva hatte auch gar keinen Pipimann."
„Ja, das stimmt, aber das hatte Adam kaputt gemacht ...
So, und nun ab ins Bett Zeus."

Teilnehmende Länder

Angola

Argentinien

Australien

Brasilien

Costa Rica

Deutschland

Ecuador

Elfenbeinküste

England

Frankreich

Ghana

Iran

Italien

Japan

Kroatien

Mexiko

Niederlande

Paraguay

Polen

Portugal

Saudi Arabien

Schweden

Schweiz

Serbien / Montenegro

Spanien

Südkorea

Togo

Trinidad / Tobago

Tschechien

Tunesien

Ukraine

USA

1. Platz

Der Bundestrainer ist dran

Es ist tief in der Nacht. Ich schrecke hoch. Mutter, über mich gebeugt, haucht mir ins Ohr: „Telefon – der Bundestrainer ist dran!"

„Wer?" frage ich erschreckt und zugleich ungläubig.

„Herr Klinsmann!"

„Ach so!", schnaufe ich. Im Schlafanzug taumle ich durch die Wohnung zum Telefon. Mutter verfolgt mich auf Schritt und Tritt.

„Guten Morgen!", säusle ich, „Ja – ja – jetzt? Gut ich komme!"

„Was ist?", fragt Mutter staunend.

„Ich bin nominiert für den erweiterten Kader!"

„Du?", Mutter grinst stolz.

„Ja, aber nur für den erweiterten Kader!" versuche ich sie zu beruhigen. Mutter staunt nicht schlecht. Immerhin werde ich dieses Jahr bereits fünfundvierzig und die zweite Mannschaft der TUS Alstertal – Langenhorn e.V. hat mich vor fünfzehn Jahren aussortiert. Zudem bin ich eine Frau.

„Die Zeiten im deutschen Fußball sind nicht mehr so rosig und für die WM brauchen die neue Leute!", begründe ich den Anruf des Herrn Klinsmann, auch wenn das meine Mutter nicht vollends überzeugt.

„Ich muss sofort los!", sage ich und verabschiede mich von Mutter.

Ich stapfe durch den Hamburger Regen zur S-Bahn-Station Kornweg – Kleinborstel. Daheim träumt Mutter von mir als große Hamburger Fußballhoffnung in der Tradition von Jupp Posipal, Uwe Seeler und Peter Nogly. Meine letzte Chance in der Familie, nachdem es mit den Männern doch nie geklappt hat. Dass allerdings besagter Herr Klinsmann nur der Einsatzleiter für die S-Bahn-Stewardessen während der WM 2006 ist, mag ich meiner Mutter nicht sagen. Vielleicht komme ich wenigstens dort vom erweiterten in den engeren Kader.

Matthias von Schramm (Hamburg)

2. Platz

TOLERANZ

Fußball schlägt

eine Brücke über

alle diese Probleme

sagte der Torschütze

nachdem er zuvor

noch den Torhüter

am Kopf getroffen

hatte aber niemand

so genau hingesehen

Klau|s|ens (Königswinter)

3. Platz

Kick it like Ballack

Er spürte morgens beim Aufstehen schon: Das würde sein Tag werden. Nach dem Duschen klebte er einen Streifen Heftpflaster über die Brustwarzen, damit sie später beim Spiel durch den Schweiß und das Scheuern des Stoffs nicht wund wurden. Dann zog er das Trikot über seinen breiten Oberkörper. Es fühlte sich angenehm kühl an auf der Haut. Er schlüpfte in die Shorts, dann stieg er in den Trainingsanzug. Rasch noch etwas Gel in die lockigen Haare, fertig.

Mit federndem Gang machte er sich auf den Weg zum Parkplatz, stieg in seinen BMW und fuhr Richtung Stadion. Seit seiner Zeit in Chemnitz liebte er es, früh im Stadion zu sein. Er sog dann die Atmosphäre in sich auf, die vor den Spielen in der Luft lag. Diese Mischung aus fiebriger Erwartung und Nervosität, aus vielstimmigen Schlachtgesängen und Pöbelchören, aus Bierfahnen und Bratwurstduft. Das machte ihn heiß für das Match.

Als er ein leichtes Hungergefühl verspürte, bog er wie üblich rechts ab. Beim Gedanken an seine „Stammkneipe" lächelte er. Hier würde er noch eine Kleinigkeit essen, nichts Schweres, was ihn später beim Spiel belastete.

Er betrat das Lokal und schaute sich um. Mit seinen hoch aufgeschossenen 1,89 m hatte er sich rasch einen Überblick verschafft. Während er in der Schlange wartete, hing er seinen Gedanken nach. Wie es wohl heute laufen würde?

Plötzlich stieß ihn jemand von hinten an: „Träum nicht, Fettwanst. Du bist dran!" Die Bedienung sah ihn fragend an:.

„Zwee Hamburger und ne Gola" bestellte er.

Gregor Schürer (Brühl)

4. Platz

WM- Fieber

Wir machen uns nichts vor,
der Ball, er muss ins Tor.

Und wenn die Bälle fliegen,
dann werden wir auch siegen.

Jetzt kommt uns're Zeit,
Deutschland ist bereit.

Wir scheuen keine Mittel,
und holen uns den Titel.

Michaela Lohmeyer (Mönchengladbach)

Austragungsorte

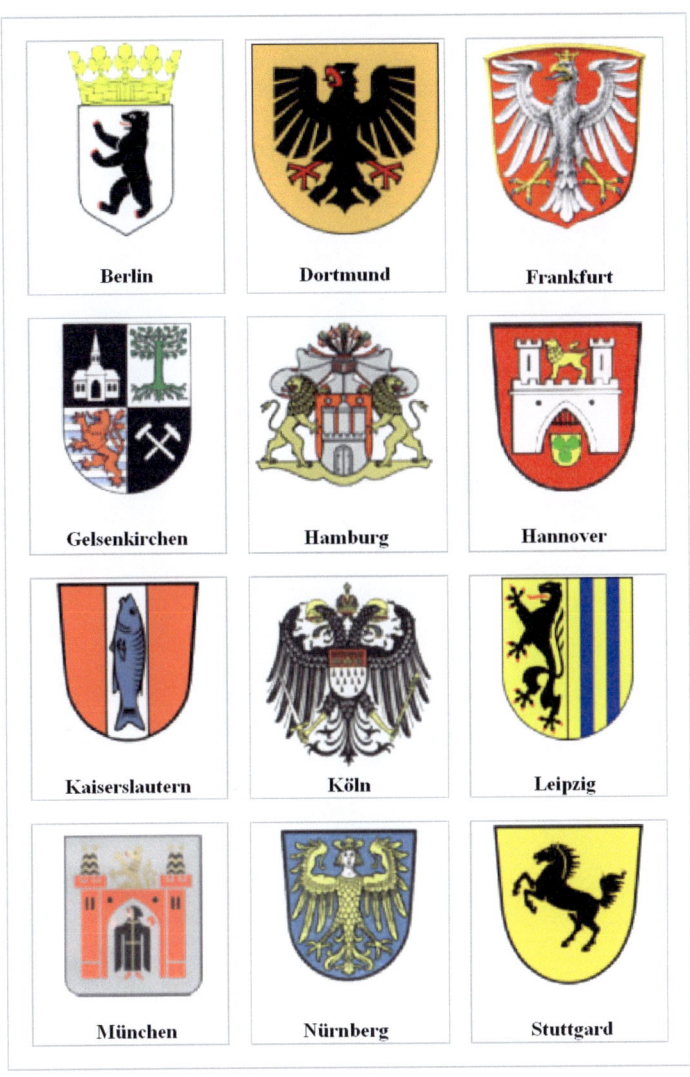

Berlin

Dortmund

Frankfurt

Gelsenkirchen

Hamburg

Hannover

Kaiserslautern

Köln

Leipzig

München

Nürnberg

Stuttgard

5. Platz

Endspiel

furchteinflœssend erheben sich
die Flutlichtmasten in
den Nachthimmel

jeder einzelne steht persœnlich im
gleissenden Scheinwerferlicht & wirft
vier Schatten

flackernde Gluehlampen
zwinkern dem
Betrachter zu

einem Lux gleichend
beobachten sie
das Spiel

Experten zermahlen zwischen
den Zæhnen den Kau
gummi

die Erlœsung liegt
als Schrei auf
den Lippen

A.J.Weigoni (Düsseldorf)

6. Platz

Stadionromantik

Dort, wo die Psychologen neben Maurern sitzen
und die Eklogen, nein, der Fangesang erklingt,
da will ich hin, Geliebte, um vor Glück zu schwitzen,
trotz Niederlagenserien. Unbedingt.

Ich werde dir ein Herz in die Tribünen ritzen,
vielleicht auch einen Vers, der sicher nicht gelingt.
Lass uns nostalgisch sein, nur einmal noch besitzen,
was gestern war (heut leider nichts mehr bringt).

Nun kommen sie, sortiert, aus dunklen Katakomben
und schauen ernst und taktisch. Kauend auf den Plomben
besudeln sie das Gras, das immer frischgemähte.

Sie hetzen hin und her. Da fliegt der Ball.
Kein Tor. Ein Marder aber beißt sich durch die Drähte
und plötzlich: Schei...e!
Stromausfall!

Thomas Rackwitz (Kabelsketal)

Vorrundenspiele

09.06.2006	Deutschland – Costa Rica	**4:2**
09.06.2006	Polen – Ecuador	**0:2**
10.06.2006	England – Paraguay	**1:0**
10.06.2006	Trinidad/Tobago – Schweden	**0:0**
10.06.2006	Argentinien – Elfenbeinküste	**2:1**
11.06.2006	Serbien/Montenegro – Niederlande	**0:1**
11.06.2006	Mexiko – Iran	**3:1**
11.06.2006	Angola – Portugal	**0:1**
12.06.2006	Italien – Ghana	**2:0**
12.06.2006	USA – Tschechien	**0:3**
12.06.2006	Australien – Japan	**3:1**
13.06.2006	Brasilien – Kroatien	**1:0**
13.06.2006	Frankreich – Schweiz	**0:0**
13.06.2006	Südkorea – Togo	**2:1**
14.06.2006	Spanien – Ukraine	**4:0**
14.06.2006	Tunesien – Saudi Arabien	**2:2**
14.06.2006	Deutschland – Polen	**1:0**
15.06.2006	Ecuador – Costa Rica	**3:0**
15.06.2006	England – Trinidad/Tobago	**2:0**
15.06.2006	Schweden – Paraguay	**1:0**
16.06.2006	Argentinien – Serbien/Montenegro	**6:0**
16.06.2006	Niederlande – Elfenbeinküste	**2:1**
16.06.2006	Mexiko – Angola	**0:0**
17.06.2006	Portugal – Iran	**2:0**

Vorrundenspiele

17.06.2006	Italien – USA	**1:1**
17.06.2006	Tschechien – Ghana	**0:2**
18.06.2006	Brasilien – Australien	**2:0**
18.06.2006	Japan – Kroatien	**0:0**
18.06.2006	Frankreich – Südkorea	**1:1**
19.06.2006	Togo – Schweiz	**0:2**
19.06.2006	Spanien – Tunesien	**3:1**
19.06.2006	Saudi Arabien – Ukraine	**0:4**
20.06.2006	Ecuador – Deutschland	**0:3**
20.06.2006	Costa Rica – Polen	**1:2**
20.06.2006	Schweden – England	**2:2**
20.06.2006	Paraguay – Trinidad/Tobago	**2:0**
21.06.2006	Niederlande – Argentinien	**0:0**
21.06.2006	Elfenbeinküste – Serbien/Montenegro	**3:2**
21.06.2006	Portugal – Mexiko	**2:1**
21.06.2006	Iran – Angola	**1:1**
22.06.2006	Tschechien – Italien	**0:2**
22.06.2006	Ghana – USA	**2:1**
22.06.2006	Japan – Brasilien	**1:4**
22.06.2006	Kroatien – Australien	**2:2**
23.06.2006	Togo – Frankreich	**0:2**
23.06.2006	Schweiz – Südkorea	**2:0**
23.06.2006	Saudi Arabien – Spanien	**0:1**
23.06.2006	Ukraine – Tunesien	**1:0**

Achtelfinale

München	24.06.	Deutschland – Schweden	**2:0**
Leipzig	24.06.	Argentinien – Mexiko	**2:1 n.V.**
Stuttgart	25.06.	England – Ecuador	**1:0**
Nürnberg	25.06.	Portugal – Niederlande	**1:0**
Kaiserslautern	26.06.	Italien – Australien	**1:0**
Köln	26.06.	Schweiz – Ukraine	**0:0 n.V. 0:3 n.E.**
Dortmund	27.06.	Brasilien – Ghana	**3:0**
Hannover	27.06.	Spanien – Frankreich	**1:3**

Viertelfinale

Berlin	30.06.	Deutschland – Argentinien	**1:1 n.V. 5:3 n.E.**
Hamburg	30.06.	Italien – Ukraine	**3:0**
Gelsenkirchen	01.07.	England – Portugal	**0:0 n.V. 1:3 n.E.**
Frankfurt	01.07.	Brasilien – Frankreich	**0:1**

Halbfinale

Dortmund   04.07.2006   21.00 Uhr

Deutschland – Italien   **0:2 n.V.**

München   05.07.2006   21.00 Uhr

Portugal – Frankreich   **0:1**

Spiel um Platz 3

Stuttgart   08.07.2006   21.00 Uhr

Deutschland – Portugal   **3:1**

Finale

Berlin   09.07.2006   20.00 Uhr

Italien - Frankreich   **1:1 n.V.**
                                     6:4 n.E.

7. Platz

Der Star beim Fußball
ist weder ein einzelner Spieler
noch eine ganze Mannschaft,
sondern der Lederball,
weil sich auf seine Laufbahn
alle konzentrieren,
solange das Spiel gut läuft.

Werner Simon (Waltersberg)

8. Platz

Endstadion Berlin

Anpfiff.
Im Olympiastadion in Berlin.
Da wollten sie hin.
Die Nationalhymnen waren verklungen. Einige Spieler hatten mitgesungen.
Einer kaugummikauend.
Das alles entscheidende Spiel beginnt.
Der Ball wurde scheinbar planlos hin und her gespielt. Die Zuschauer im Stadion schwenken Fahnen.
Jetzt plötzlich der erste Angriff auf das gegnerische Tor. Die Spieler stürmen nach vorn. Doch der Angriff verfängt sich in der Abseitsfalle; und nun der Gegenangriff.
Aber der Torwart hält.
So geht's einige Male.
Plötzlich ist der Ball im Tor. Die Fans auf der einen Seite grölen, schreien und liegen sich in den Armen.
Die anderen sehen ganz betroffen aus. Unverständnis. Wieso hatten gerade sie sich ein Tor eingefangen? Es sollte doch ganz anders kommen.
 Bei diesem Ergebnis blieb es bis zum Schluss. Die Sieger verließen jubelnd den Platz. Die Verlierer wurden von weinenden und wütenden Zuschauern ausgebuht, als sie mit hängenden Köpfen das Stadion verließen.
Der Teamchef ließ sich zum Flughafen fahren. Seine Familie in Kalifornien würde ihn über
das Ende in der Vorrunde trösten.

Günter Keblat (Haltern)

Schiedsrichter

Name	Land	Spiele	Gelb	Gelb/Rot	Rot
Benito Archundia	MEX	5	13	1	-
Horacio Elizondo	ARG	5	26	-	3
Frank De Bleeckere	BEL	4	19	-	-
Jorge Larrionda	URU	4	13	1	2
Luis Medina Cantalejo	ESP	4	23	1	1
Lubos Michel	SVK	4	28	2	1
Roberto Rosetti	ITA	4	15	-	1
Carlos Amarilla	PAR	3	16	1	-
Massimo Busacca	SUI	3	11	-	1
Valentin Ivanov	RUS	3	18	4	-
Toru Kamikawa	JPN	3	14	-	-
Shamsul Maidin	SIN	3	16	2	-
Dr. Markus Merk	GER	3	15	-	-
Graham Poll	ENG	3	12	4	-
Carlos Simon	BRA	3	14	1	-
Coffi Codjia	BEN	2	10	-	-
Eric Poulat	FRA	2	9	-	-
Marco Rodriguez	MEX	2	8	2	-
Mark Shield	AUS	2	10	-	-
Esam Abd El Fatah	EGY	1	7	-	-
Oscar Ruiz	COL	1	7	-	-

Angola

Torhüter: Lama, Mario, Joao Ricardo

Abwehr: Marco Abreu, Marcos Airosa, Jamba Asha, Delgado, Kali, Lebo Lebo, Loco, Rui Marques

Mittelfeld: Edson, Figueredo, Andre Macanga, Mateus, Mendonca, Miloy, Ze Kalanga

Angriff: Akwa, Andre Titi Buengo, Mantorras, Love, Flavio

Trainer: Luis Oliveira Goncalves

Argentinien

Torhüter: Roberto Abbondanzier, Leonardo Franco, Oscar Ustari

Abwehr: Roberto Ayala, Nicolas Burdisso, Fabricio Coloccini, Leandro Cufre, Gabriel Heinze, Gabriel Milito, Lionel Scaloni, Juan Sorin

Mittelfeld: Pablo Aimar, Esteban Cambiasso, Luis Gonzalez, Javier Mascherano, Juan Riquelme, Maxi Rodriguez

Angriff: Hernan Crespo, Julio Cruz, Lionel Messi, Rodrigo Palacio, Javier Saviola, Carlos Tevez

Trainer: Jose Pekerman

Australien

Torhüter: Ante Covic, Zeljko Kalac, Mark Schwarzer

Abwehr: Michael Beauchamp, Scott Chipperfield, Mark Milligan, Craig Moore, Lucas Neill, Tony Popovic

Mittelfeld: Marco Bresciano, Tim Cahill, Jason Culina, Brett Emerton, Vince Grella, Stan Lazaridis, Josip Skoko, Mile Sterjovski, Luke Wilkshire

Angriff: John Aloisi, Joshua Kennedy, Harry Kewell, Archie Thompson, Mark Viduka

Trainer: Guus Hiddink

9. Platz

Was ich will ...

Was ich sehe, ist eine super Mannschaft

Was ich höre, sind 80.000 Fans

Was ich spüre, ist meine Unruhe

Was ich erwarte, ist ein faires Spiel

Was ich wünsche, ist ein schnelles Tor

Was ich hasse, ist der schlechte Schiedsrichter

Was ich will, ist ein Sieg

What I will ...

What I see, is a super team

What I hear, are 80.000 fans

What I feel, is my disquiet

What I expect, is a fair play

What I want, is a quick goal

What I hate, is the bad referee

What I will, is victory

Hermann Bauer (München)

10. Platz

Konflikt zwischen Fußballschuhen und Fußball

„Oh nein, oh nein, muss das sein, dass ihr mich dauernd tretet",
fragte der bemitleidenswerte Fußball die Fußballschuhe.
„Sofern dir nichts Besseres einfällt dich zu bewegen, wird das
wohl unsere einzige Möglichkeit sein. Ja, es tut uns leid, aber
wir müssen dich treten." entgegneten die neuen Fußballschuhe.
„Aber ich bin doch nur ein armer, alter Ball, wieso tut ihr mir
das an?" setzte der Fußball fort. „Was sollen wir machen? Du
bist nun mal dazu auserwählt, also hör auf, sonst fangen wir an
zu lachen!" bebten die Schuhe mit lauter Stimme. „Welch
Graus, oh nein, ich will nicht länger Fußball sein!" so sprach
der Ball, doch es war zu spät, die Schuhe schossen ihn bereits
ins Tor hinein. „Au, tut das weh", sagte der Fußball mit
weinendem Schmäh, als er hochkant flog in die Maschen, in
das Tornetz getreten von den alten Gamaschen. „Wunderbar!"
sprachen die Schuhe im Chor "was für ein Tor!" Der alte Ball
wurde mit voller Wucht wieder ins Spiel gebracht, doch dann
geschah, was niemand zu glauben vermochte, das Herz der
Fußballschuhe pochte, als plötzlich ein lauter Knall alles
überdeckte. „Der Ball ist tot! Welch Gräuel welch Schmach!"
trauerten die Fußballschuhe ihrem alten Freund gleich nach. „Ja
seht, das habt ihr nun davon!" sprach der Fußball, im Sterben
liegend. „Das war's. jetzt ist es aus, alle Luft ist raus!" schrien
die Fußballschuhe entsetzt, nicht einmal mehr die Ballpumpe
konnte den armen Ball zurück ins Leben holen.

Alexander Sinnl (Wollmannsberg – Österreich)

Brasilien

Torhüter: Julio Cesar, Dida, Ceni Rogerio

Abwehr: Cafu, Cicinho, Cris, Gilberto, Juan, Lucio, Luisao, Roberto Carlos

Mittelfeld: Emerson, Kaka, Mineiro, Juninho Pernambucano, Ricardinho, Ronaldinho, Gilberto Silva, Ze Roberto

Angriff: Adriano, Fred, Robinho, Ronaldo

Trainer: Carlos Alberto Parreira

Costa Rica

Torhüter: Wardy Alfaro, Alvaro Mesen, Jose Porras

Abwehr: Gabriel Badilla. Jervis Drummond, Leonardo Gonzalez, Luis Marin, Gilberto Martinez, Michael Rodriguez, Michael Umana, Harold Wallace

Mittelfeld: Randall Azofeifa, Cristian Bolanos, Walter Centeno, Danny Fonseca, Carlos Hernandez, Douglas Sequeira, Mauricio Solis

Angriff: Kurt Bernard, Ronald Gomez, Victor Nunez, Alvaro Saborio, Paolo Wanchope

Trainer: Alexandre Guimaraes

Deutschland

Torhüter: Timo Hildebrand, Oliver Kahn, Jens Lehmann

Abwehr: Arne Friedrich, Robert Huth, Marcell Jansen, Philipp Lahm, Per Mertesacker, Christoph Metzelder, Jens Nowotny

Mittelfeld: Michael Ballack, Tim Borowski, Torsten Frings, Thomas Hitzlsperger, Sebastian Kehl, David Odonkor, Bernd Schneider, Bastian Schweinsteiger

Angriff: Gerald Asamoah, Mike Hanke, Miroslav Klose, Oliver Neuville, Lukas Podolski

Trainer: Jürgen Klinsmann

Wir Kinder von der Körnerstraße

Frisch gemähtes Gras bereichert die Luft um ihren Duft nach Frühling. Herrliches Wetter und der unbespielte Nachbarsgarten laden uns ein, Fußball zu spielen. Die einzelnen Grashalme scheinen danach zu flehen, flach getreten zu werden, nur um zu beweisen, dass sie dem Widerstand trotzend Teil der Einheit sind, die sich Rasen nennt. Unser Rasen. Unser Fußballplatz, an dem wir uns treffen. Wir, das sind die Kinder der Körnerstraße – und Fußball ist unsere Leidenschaft.

Wer mit wem zusammenspielt wird immer neu ausgelost und keiner von uns fühlt sich als Star oder Loser in seinem Team. Dazu spielen wir alle viel zu gut, irgendwie gleich stark. Heute kämpfen Sven, Mario, Britta und ich gegen Andreas, Frank und Carsten. Unsere Gegner sind älter und größer als wir, doch Britta, das burschikose Mädchen von gegenüber, hat heute einen genialen Plan.

„Leutz!", ruft sie uns zu, „ich habe die Idee, wie wir gewinnen werden!"

Kaum ausgesprochen, fordert sie uns auf, ihr zum Trockenplatz zu folgen. Dieser Platz formt zusammen mit dem Rasen ein L um das Nachbarhaus und ist für das Trocknen feuchter Wäsche vorgesehen. Tabu für uns.

Zumindest werden wir immer verjagt, wenn wir diesen Bereich als Trainingsgelände nutzen. Doch heute ist dort frei, keine Wäsche – nicht einmal weiße!

Verschworen setzen wir uns auf die Fenstersimse der eingelassenen Kellerfenster. Uns ist klar, dass etwas Neues passiert, was noch nie dagewesenes.

Von den Büschen, die unser Feld einzäunen, brechen Andi und Frank dicke Äste ab und stecken diese zu einem Tor. Mit möglichst gleich großen Schritten vermessen sie das Tor auf die gleiche Größe wie den gegenüber liegenden hölzernen Gartenzaun. Danach sind die Eingrenzungen des Spielfeldes an der Reihe, während wir uns ungestört einer ganz neuen Idee hingeben.

„Legt die Arme so auf euere Beine, dass die Handflächen nach oben zeigen!", kommandiert Britta.

„Jetzt schließt euere Augen!"

Mit geschlossenen Augen fühle ich mein Herz gespannt pochen.

Was hat sie vor?

„Du bist ganz ruhig und entspannt!", beginnt Britta in einem beruhigenden, gleich klingenden Singsang.

„Wärme durchfließt deine Arme bis in die Fingerspitzen!"

Tatsächlich prickeln meine Finger und ich spüre eine wohlige Wärme. Auch die Beine folgen Brittas Befehlen.

So entspannt, einer Trance gleich, pflanzt unsere Teamchefin uns den Siegeswillen ein.

„Wir werden gewinnen! Wir werden Tore schießen! Du wirst dein Bestes geben! Du bist einer von uns!"

Gleich darauf führt uns Britta wieder zurück ins hier, heute, jetzt. Wir öffnen die Augen und fühlen uns frisch. Egal wie groß die anderen sind, die Gewinner stehen schon fest! Noch nie spürte ich bislang eine solche Energie. Britta Blocksberg hat uns verhext!

Auf dem Feld nehmen wir unsere Positionen ein. Da Sven als einziger keine Turnschuhe besitzt, mimt er den Torwart. In seinen Gummistiefeln stellt er sich zwischen die Torstecken. Torraum, Elfmeterpunkt, Mittelkreis – in unserer Fantasie ist alles eingezeichnet.

Britta bereitet sich auf die Auslosung vor. „Papier, Stein, Schere" bestimmt, wer den Anstoß ausführen darf.

Die sonst üblichen Bescheißerzeichen wie Feuer, Joker oder Doppeljoker gelten heute nicht. Kein Wunder, dass wir verlieren.

„Die Gegner beginnen, wir gewinnen!", muntert uns Britta auf und klatscht rhythmisch in die Hände.

Carsten und Frank spielen sich schnell vor unser Tor. Mit Sven als Keeper kann uns aber fast nichts passieren.

Zwar zeigt er bei weiten Schüssen deutliche Schwächen, doch nähert sich ein Gegner ungestraft, helfen oft nur geübte Sprünge einer kleineren oder größeren Verletzung aus dem Weg zu gehen. So ist es kein Wunder, dass Frank einen weiten Schuss aufs Tor versucht, der meterweit vorbei geht.

Sven eilt ins Gebüsch, findet den Ball und legt ihn sich zum Abschlag bereit. Er nimmt Anlauf und rennt auf die Lederpille zu. Ein gezielter Tritt und er fliegt bis fast vor das gegnerische Tor – der Gummistiefel, während der Ball entschlossen an Ort und Stelle bleibt.

Frank ist der erste der lacht und nacheinander fallen wir alle in ein schallendes Gelächter ein. Mit tränengefüllten Augen liegen wir auf dem Boden und halten uns die Bäuche. So hypnotisiert ist an ein Weiterspielen nicht mehr zu denken. Der Endstand ist 1:0 für Svens Gummistiefel.

Ralf Seybold (Schwaikheim)

Zitate - Sprüche während der WM 2006

Regelmäßiges Training, gutes Essen, kein Alkohol, nicht
rauchen, viel Schlaf und wenig Sex.
Sven-Göran Eriksson
Erfolgsrezept vom Trainer der englischen Nationalmannschaft.

Regelmäßiges Training, gutes Essen, kein Alkohol, nicht
rauchen, viel Schlaf und wenig Sex.
Fabio Cannavaro
Erfolgsrezept vom italienischen Fußballer.

Der Schiedsrichter hat immer Recht, auch wenn er nicht Recht
hat.
Vincenzo Grella
*Australiens Mittelfeldspieler über den deutschen Schiedsrichter
Markus Merk nach dem Spiel: Brasilien gegen Australien.*

Miro spielt seit Monaten in bestechlicher Form.
Jürgen Klinsmann
Nach Kloses Doppelschlag beim 3:0-Sieg gegen Ecuador.

Ecuador

Torhüter: Damian Lanza, Christian Mora, Edwin Villafuerte

Abwehr: Paul Ambrosi, Ulises De La Cruz, Giovanny Espinoza, Jorge Guagua, Ivan Hurtado, Jose Perlaza, Neicer Reasco

Mittelfeld: Marlon Ayovi, Segundo Castillo, Christian Lara, Edison Mendez, Luis Saritama, Edwin Tenorio, Patricio Urrutia, Luis Valencia

Angriff: Christian Benitez, Felix Borja, Agustin Delgado, Ivan Kaviedes, Carlos Tenorio

Trainer: Luis Suarez

Elfenbeinküste

Torhüter: Boubacar Barry, Gerard Gnanhouan, Jean-Jacques Tizie

Abwehr: Arthur Boka, Cyrille Domoraud, Emmanuel Eboue, Blaise Kouassi, Abdoulaye Meite, Kolo Toure, Marc Zoro

Mittelfeld: Kanga Akale, Guy Demel, Emerse Fae, Kader Keita, Romaric, Yaya Toure, Gilles Yapi Yapo, Didier Zokora

Angriff: Aruna Dindane, Didier Drogba, Bonaventure, Arouna Kone, Bakary Kone

Trainer: Henri Michel

England

Torhüter: Scott Carson, David James, Paul Robinson

Abwehr: Wayne Bridge, Sol Campbell, Jamie Carragher, Ashley Cole, Rio Ferdinand, Gary Neville, John Terry

Mittelfeld: David Beckham, Michael Carrick, Joe Cole, Steward Downing, Steven Gerrard, Owen Hargreaves, Jermaine Jenas, Frank Lampard, Aaron Lennon

Angriff: Peter Crouch, Michael Owen, Wayne Rooney, Theo Walcott

Trainer: Sven Goran Eriksson

Frankreich

Torhüter: Fabien Barthez, Gregory Coupet, Mickael Landreau

Abwehr: Eric Abidal, Jean-Alain Boumsong, Pascal Chimbonda, William Gallas, Gael Givet, Willy Sagnol, Mikael Silvestre, Lilian Thuram

Mittelfeld: Vikash Dhorasoo, Alou Diarra, Claude Makalele, Florent Malouda, Frank Ribery, Patrick Vieira, Zinedine Zidane

Angriff: Sidney Govou, Thierry Henry, Louis Saha, David Trezeguet, Sylvain Wiltord

Trainer: Raymond Domenech

Ghana

Torhüter: Sammy Adjei, Richard Kingson, George Owu

Abwehr: Ahmed Issah, Samuel Kuffour, John Mensah, Habib Mohamed, John Pantsil, Emmanuel Pappoe, Hans Sarpei, Illiasu Shilla, Daniel Quaye

Mittelfeld: Eric Addo, Otto Addo, Stephen Appiah, Derek Boateng, Haminu Draman, Michael Essien, Sulley Muntari

Angriff: Matthew Amoah, Asamoah Gyan, Razak Pimpong, Alex Tachie-Mensah

Trainer: Ratomir Dujkovic

Iran

Torhüter: Ebrahim Mirzapour, Hassan Roudbarian, Vahid Talebloo

Abwehr: Sohrab Bakhtiarizadeh, Yahya Golmohammadi, Hossein Kaabi, Mohammed Nosrati, Amir Sadeqi, Rahman Rezaei

Mittelfeld: Ali Karimi, Mehrzad Madanchi, Mehdi Mahdavikia, Moharram Navidkia, Javad Nekounam, Masoud Shojaei, Andranik Teymourian, Ferydoon Zandi

Angriff: Arash Borhani, Ali Daei, Reza Enayati, Vahid Hashemian, Javad Kazemeian, Rasoul Khatibi

Trainer: Branko Ivankovic

Deutschland vor ...

Lauft zum Tor
und schießt gezielt,
schneller vor,
Gegner ausgespielt.

Siegen heißt das Zauberwort.
Niederlagen müssen fort.
Siege, ja die müssen her,
und das fällt nicht schwer.

Lauft nach vorn und nicht vergessen,
zielt ins Tor, trefft und feiert wie besessen.

Andreas Glanz (Chemnitz)

Zitate - Sprüche während der WM 2006

Die Gefühle gingen ein bisschen mit einem Gassi, als der Jens
den letzten gehalten hatte.
Jürgen Klinsmann
*Nach dem Spiel gegen Argentinien, bei der Jens Lehmann zwei
Elfmeter gehalten hat.*

Was kann man erwarten, wenn der Papst ein Deutscher ist und
der Gott aus Argentinien kommt?
Argentinischer Reporter
Frage an Jürgen Klinsmann während einer Pressekonferenz.

2:0 gewonnen, für dich wäre es besser, wenn du dich für dein
Geburtsland entschieden hättest. Dann würdest du jetzt spielen.
Lukas Podolski
*Zu Gerald Asamoah auf die Frage, wie Ghana gegen
Tschechien gespielt habe.*

Haben Sie eine Stunde Zeit?
Leo Beenhakker
*Trainer von Trinidad und Tobago auf die Frage, wie dem
deutschen Fußball zu helfen sei.*

Hommage an den Fan

Schließ die Augen,

nimm alles wahr.

Versuch die Luft aufzusaugen,

Riechst du das Leben, wunderbar?

Öffne deine Ohren weit,

hör die große Menge:

Menschen jubeln, weit und breit,

hörst du die Fangesänge?

Sieh auf das Spielfeld nieder,

sieh, die Protagonisten!

Singen ihre Nationenlieder,

Sahst du, wie sie die Flaggen hissten?

Der Pfiff ertönt, das Spiel beginnt,

ein Raunen dröhnt durchs Stadion.

Ganz hinten, dort zeigt ein Vater seinem Kind:

Do you see them? C´mon, let´s goin´ on!

Aus voller Kehle angefeuert,

kämpft unser Team um unsren Sieg.

Schlachtgesänge werden runderneuert,

neunzig Minuten Sangeskrieg!

Da, unerwartet und ganz plötzlich,

zappelt das Ding im Netz.

Der Jubel grölt, der Schmerz ist unermesslich,

beginnst du mit der Hetz?

Heute haben wir verloren,

es war wohl Gottes Wille.

Nächstes Mal werden wir neu geboren.

Vorfreude heißt die süße Pille!

Der Vater blickt zu seinem Kind,

freuen sich über das Spiel.

Fühle wie wir allesamt vereinigt sind,

Freude ist doch unser aller Ziel!

Matthias H. Engelken (Haren)

Italien

Torhüter: Marco Amelia, Gianluigi Buffon, Angelo Peruzzi

Abwehr: Andrea Barzagli, Fabio Cannavaro, Fabio Grosso, Marco Materazzi, Alessandro Nesta, Massimo Oddo, Christian Zaccardo, Gianluca Zambrotta

Mittelfeld: Simone Barone, Mauro Camoranesi, Daniele De Rossi, Gennaro Gattuso, Simone Perrotta, Andrea Pirlo, Francesco Totti

Angriff: Alessandro Del Piero, Alberto Gilardino, Vincenzo Iaquinta, Filippo Inzaghi, Luca Toni

Trainer: Marcello Lippi

Japan

Torhüter: Yoichi Doi, Yoshikatsu Kawaguchi, Seigo Narazaki

Abwehr: Akira Kaji, Yuichi Komano, Tsuneyasu Miyamoto, Teruyuki Moniwa, Koji Nakata, Yiji Nakazawa, Alessandro Santos, Keisuke Tsuboi

Mittelfeld: Yasuhito Endo, Takashi Fukunishi, Junichi Inamoto, Shunsuke Nakamura, Hidetoshi Nakata, Mitsou Ogasawara, Shinji Ono

Angriff: Seiichiro Maki, Masashi Oguro, Naohiro Takahara, Keiji Tamada, Atsushi Yanagisawa

Trainer: Zico

Kroatien

Torhüter: Tomislav Butina, Joe Didulica, Stipe Pletikosa

Abwehr: Robert Kovac, Dario Simic, Josip Simunic, Mario Tokic, Stjepan Tomas, Igor Tudor

Mittelfeld: Marko Babic, Niko Kovac, Niko Kranjcar, Ivan Leko, Jerko Leko, Luka Modric, Anthony Seric, Darijo Srna, Jurica Vranjes

Angriff: Bosko Balaban, Ivan Bosnjak, Ivan Klasnic, Ivica Olic, Dado Prso

Trainer: Zlatko Kranjcar

Mexiko

Torhüter: Jose Corona, Guillermo Ochoa, Oswaldo Sanchez

Abwehr: Jose Castro, Andres Guardado, Rafael Marquez, Mario Mendez, Ricardo Osorio, Gonzalo Pineda, Francisco Rodriguez, Carlos Salcido, Claudio Suarez

Mittelfeld: Rafael Garcia, Pavel Pardo, Luis Perez, Gerardo Torrado, Zinha

Angriff: Jesus Arellano, Jared Borgetti, Omar Bravo, Jose Fonseca, Guillermo Franco, Ramon Morales

Trainer: Ricardo La Volpe

Niederlande

Torhüter: Maarten Stekelenburg, Henk Timmer, Edwin Van Der Sar

Abwehr: Khalid Boulahrouz, Tim De Cler, John Heitinga, Kew Jaliens, Jan Kromkamp, Joris Mathijsen, Andre Ooijer, Giovanni Van Bronckhorst

Mittelfeld: Phillip Cocu, Denny Landzaat, Hedwiges Maduro, Wesley Sneijder, Mark Van Bommel, Rafael Van Der Vaart

Angriff: Ryan Babel, Dirk Kuyt, Arjen Robben, Ruud Van Nistelrooij, Robin Van Persie, Jan Vennegoor Of Hesselink

Trainer: Marco Van Basten

Paraguay

Torhüter: Aldo Bobadilla, Derlis Gomez, Justo Villar

Abwehr: Julio Cesar Caceres, Denis Caniza, Paolo Da Silva, Carlos Gamarra, Julio Manzur, Jorge Nunez, Delio Toledo

Mittelfeld: Roberto Acuna, Edgar Barreto, Carlos Bonet, Salvador Cabanas, Julio Dos Santos, Diego Gavilan, Jose Montiel, Carlos Paredes, Cristian Riveros

Angriff: Nelson Cuevas, Dante Lopez, Roque Santa Cruz, Nelson Valdez

Trainer: Anibal Ruiz

Der Fußballspieler

Er rennt und trickst und keucht und tritt
Und dampft wie ein Motor.
Und lässt der Gegner es mal zu,
So schießt er gar ein Tor.
    Der Fußballspieler, Fußballspieler
    Der giert nach allen runden Sachen.
    Ob Bälle, Brüste, Po, Melonen,
    Sie können ihm viel Freude machen.

Er flankt und passt und fällt und flucht
Und steigt im Sprung empor.
Und zielt er richtig, dann gelingt
Ihm ab und an ein Tor.
    Der Fußballspieler, Fußballspieler
    Der giert nach allen runden Sachen.
    Ob Bälle, Brüste, Po, Melonen,
    Sie können ihm viel Freude machen.

Er bolzt und hackt und stößt und stoppt
Und hält sich zu das Ohr.
Dann schoss der Gegner irgendwie
Und plump das Siegestor.
    Der Fußballspieler, Fußballspieler
    Der giert nach allen runden Sachen.
    Ob Bälle, Brüste, Po, Melonen,
    Sie können ihm viel Freude machen.

Kurt May (Langeln)

einmal der
hackentrickhattrickkickcrack sein

Lino Wirag (Hildesheim)

Torwart

Der Ball springt vor
ich springe auch
der Ball im Tor
ich auf dem Bauch

Andreas Sticklies (Gelsenkirchen)

Hose unten, Senkel offen

und trotzdem noch das Tor getroffen

Andreas Sticklies (Gelsenkirchen)

Polen

Torhüter: Artur Boruc, Lukasz Fabianski, Tomasz Kuszczak

Abwehr: Jacek Bak, Marcin Baszczynski, Bartosz Bosacki, Dariusz Dudka, Seweryn Gancarczyk, Mariusz Jop, Mariusz Lewandowski, Michal Zewlakow

Mittelfeld: Piotr Giza, Kamil Kosowski, Jacek Krzynowek, Sebastian Mila, Arkadiusz Radomski, Ebi Smolarek, Radoslaw Sobolewski, Miroslav Szymkowiak

Angriff: Pawel Brozek, Ireneusz Jelen, Grzegorz Rasiak, Maciej Zurawski

Trainer: Pawel Janas

Portugal

Torhüter: Quim, Ricardo, Paolo Santos

Abwehr: Caneira, Ricardo Carvalho, Ricardo Costa, Paolo Ferreira, Fernando Meira, Miguel, Nuno Valente

Mittelfeld: Costinha, Deco, Maniche, Petit, Tiago, Hugo Viana

Angriff: Luis Figo, Nuno Gomes, Boa Morte, Pauleta, Helder Postiga, Cristiano Ronaldo, Simao Sabrosa

Trainer: Felipe Luiz Scolari

Saudi Arabien

Torhüter: Mohammed Al Deayea, Mohammed Khojah, Mabrouk Zaid

Abwehr: Ahmed Al Bahri, Mohamed Al Bishi, Hamad Al Montashari, Naif Al Qadi, Ahmed Dokhi, Abdulaziz Khathran, Hussein Sulimani, Redha Tukar

Mittelfeld: Omar Al Ghamdi, Mohammed Ameen, Mohammed Al Shlhoub, Nawaf Al Temyat, Khaled Aziz, Saud Kariri, Mohammed Massad, Mohammed Noor

Angriff: Saad Al Harthi, Malek Al Hawsawi, Sami Al Jaber, Yasser Al Kahtani

Trainer: Paqueta

Schweden

Torhüter: John Alvbage, Andreas Isaksson, Rami Shaaban

Abwehr: Erik Edman, Petter Hansson, Teddy Lucic, Olof Mellberg, Mikael Nilsson, Karl Svensson, Fredrik Stenman

Mittelfeld: Niclas Alexandersson, Daniel Andersson, Kim Kallstrom, Tobias Linderoth, Fredrik Ljungberg, Anders Svensson, Christian Wilhelmsson

Angriff: Marcus Allback, Johan Elmander, Zlatan Ibrahimovic, Mattias Jonson, Henrik Larsson, Markus Rosenberg

Trainer: Lars Lagerback

Schweiz

Torhüter: Diego Benaglio, Fabio Coltorti, Pascal Zuberbuehler

Abwehr: Philipp Degen, Johan Djourou, Stephane Grichting, Ludovic Magnin, Patrick Mueller, Philippe Senderos, Christoph Spycher

Mittelfeld: Tranquillo Barnetta, Valon Behrami, Ricardo Cabanas, Blerim Dzemaili, Xavier Margairaz, Johann Vogel, Raphael Wicky, Hakan Yakin

Angriff: David Degen, Alexander Frei, Daniel Gygax, Mauro Lustrinelli, Marco Streller

Trainer: Koebi Kuhn

Serbien und Montenegro

Torhüter: Dragoslav Jevric, Oliver Kovacevic, Vladimir Stojkovic

Abwehr: Dusan Basta, Nenad Djordjevic, Ivica Dragutinovic, Milan Dudic, Goran Gavrancic, Mladen Krstajic, Dusan Petkovic, Nemanja Vidic

Mittelfeld: Predrag Djordjevic, Igor Duljaj, Ivan Ergic, Sasa Ilic, Ognjen Koroman, Albert Nadj, Dejan Stankovic, Zvonimir Vukic

Angriff: Mateja Kezman, Danijel Ljuboja, Savo Milosevic, Nikola Zigic

Trainer: Ilija Petkovic

Revierderby

Manchmal gibt es Momente im Leben, da verkehren sich alle Hoffnungen und großen Erwartungen in ihr Gegenteil und man fragt sich verzweifelt, womit hat man das nur verdient? Ja, es kann sogar sein, dass, sobald man der Meinung ist, es könne nun nicht mehr schlimmer kommen, sich augenblicklich der nächste Nackenschlag einstellt und man immer tiefer in einen tiefen Schlund des Verderbens hinabstürzt. Fußballfans kennen das.

Es war ein wunderschöner Spätsommertag und es war Samstag und es war Wochenende und es gab keinerlei Anzeichen für ein kommendes Unheil. Ich war gerade damit beschäftigt, die Treppe im Hausflur zu wischen, als meine Nachbarin mit ihrer Freundin vorbeikam. Beide waren deutlich als Schalkefans erkennbar gekleidet und auf dem Weg zum Spiel Borussia Dortmund gegen Schalke 04. Es stellte sich heraus, dass sie zufällig noch eine Karte für das Spiel übrig hatten, weil jemand durch irgendwelche Gründe verhindert war, zum Spiel zu gehen. Also wurde ich eingeladen, die beiden zu begleiten und ich willigte gerne ein, weil ich als Mitglied von Borussia Dortmund auch ein besonderes Interesse hatte, das Spiel zu sehen.

Wir fuhren mit dem Golf der Freundin meiner Nachbarin. Vor Beginn der Fahrt wurde das Fahrzeug mit Schalke-Schals auffällig dekoriert. Mir wurde langsam mulmig zu Mute. Da saß ich nun als BVB-Fan in einem Auto, aus dessen Fenstern Fan-Schals des Erzrivalen aus Gelsenkirchen wehten, auf dem Weg von Recklinghausen nach Dortmund zum wie immer ausverkauften Revierderby und alle Dortmunder Fans würden mich für einen Anhänger des ewigen Konkurrenten aus der Nachbarstadt halten.

Auf der Autobahn in der Nähe des Westfalenstadions wurde der Verkehr immer dichter und zähflüssiger. Von einer Brücke hing ein Transparent herunter, auf dem den anreisenden Schalker Fans etwa sinngemäß angedroht wurde, dass eine Weiterfahrt nur das sichere Verderben bedeute und dass es besser wäre, schleunigst umzukehren. Meine Begleiterinnen ließ das allerdings völlig kalt. „Dat hängt da immer. Jedet Jahr die gleiche Scheiße."

Im Stadion saß ich auf der Nordtribüne. Da diese Tribüne hauptsächlich für die angereisten Fans der Gastmannschaft reserviert ist, befand ich mich unter hauptsächlich blau gekleideten Besuchern und nur vereinzelt waren schwarz gelbe Farben vertreten. Dabei gab es aber ein friedliches Nebeneinander dieser Farbengruppen, sodass mich dieses doch ein wenig beruhigte.

Als die beiden Mannschaften den Rasen betraten, um sich aufzuwärmen, war auf Schalker Seite auch Andi Möller mit dabei. Er war kurz zuvor von Dortmund nach Schalke gewechselt und allgemein als Heulsuse verschrieen. Also holten die BVB-Fans auf der Südtribüne ihre Taschentücher hervor und winkten was das Zeug hielt.

Das Spiel fing eigentlich ganz harmlos an. Erst als man schon glaubte, dass die erste Halbzeit torlos enden würde, gab es Elfmeter für Schalke, und nicht genug damit, kurz danach fiel auch noch das 0 : 2 durch Emile Mpenza. In der Pause wurde natürlich diskutiert, ob der Elfmeter wirklich berechtigt war. Das kennt man doch von den Schalkern. Die lassen sich bei jeder sich bietenden Gelegenheit fallen, um sogenannte Standardsituationen heraus zu schinden.

Nun richteten sich meine ganzen Hoffnungen auf die zweite Halbzeit. Aber es kam noch viel schlimmer. Das 0 : 3 fiel durch ein Eigentor von Jörg Heinrich und schließlich folgte sogar noch das 0 : 4 durch Ebbe Sand. Es war wirklich ein Alptraum im Wachzustand, inmitten der jubelnden Schalker Fans zu sitzen und hilflos den Untergang der eigenen Mannschaft mit ansehen zu müssen. Natürlich, wenn dieser Elfmeter nicht gewesen wäre, dann wäre alles ganz anders gekommen. Und überhaupt dieser Schiedsrichter, der hat doch immer nur gegen uns gepfiffen. So denkt man sich schön, was man sich nicht mehr schön trinken kann.

Auf der Rückfahrt fragte mich meine Nachbarin, ob ich denn einen schönen Tag gehabt hatte. Das ist ungefähr so, als würde der Henker den Delinquenten nach der Hinrichtung fragen, ob es ihm gefallen hat. Natürlich hatte ich viele Menschen gesehen, die so aussahen, als hätten sie einen schönen Tag gehabt, aber von mir konnte ich das nicht behaupten.

Es gibt viele Familienväter, die mit einem gewissen Bedauern auf Singles wie mich herabsehen, weil das Leben von Singles angeblich öde und langweilig dahinfließt, aber ich kann mich zu meinem Leidwesen überhaupt nicht über einen Mangel an Spannung und Abwechslung beklagen und das liegt keineswegs nur am Fußball.

Ludger Pöhlker (Recklinghausen)

Spanien

Torhüter: Santiago Canizares, Iker Casillas, Jose Reina

Abwehr: Juanito, Antonio Lopez, Carlos Marchena, Pablo, Mariano Pernia, Carlos Puyol, Sergio Ramos, Michel Salgado

Mittelfeld: David Albelda, Cesc Fabregas, Iniesta, Joaquin, Jose Reyes, Marcos Senna, Alonso Xabi, Xavi

Angriff: Luis Garcia, Raul, Fernando Torres, David Villa

Trainer: Luis Aragones

Südkorea

Torhüter: Dae Yong Kim, Kwang Young Kim, Woon Jae Lee

Abwehr: Cheul Jin Choi, Hee Won Cho, Chul Young Kim, Jin Dong Kim, Kyu Jin Kim, Sik Sang Kim, Pyo Young Lee, Gug Chong Song

Mittelfeld: Hoon Ji Baek, Heon Do Kim, Il Nam Kim, Ho Lee, Yong Eul Lee, Sung Ji Park

Angriff: Hwan Jung Ahn, Jin Jae Cho, Ho Kyung Chung, Soo Chun Lee, Young Chu Park, Hyeon Ki Seol

Trainer: Dick Advocaat

Togo

Torhüter: Kossi Agassa, Kodjovi Obilale, Ouro-Nimini Tchagnirou

Abwehr: Jean-Paul Abalo, Eric Akoto, Ludovic Assemoassa, Dare Nibombe, Massamasso Tchangai, Assimiou Toure

Mittelfeld: Kuami Agboh, Franck Atsou, Yao Aziawonou, Thomas Dossevi, Affo Erassa, Toure Cherif Mamam, Alaixys Romao

Angriff: Emmanuel Adebayor, Richmond Forson, Robert Malm, Mohamed Kader, Adekanmi Olufade, Moustapha Salifou, Yao Senaya

Trainer: Otto Pfister

Trinidad und Tobago

Torhüter: Shaka Hislop, Clayton Ince, Kelvin Jack

Abwehr: Marvin Andrews, Atiba Charles, Ian Cox, Cyd Gray, Avery John, Dennis Lawrence, Brent Sancho

Mittelfeld: Christopher Birchall, Carlos Edwards, Densill Theobald, Aurtis Whitley, Anthony Wolfe

Angriff: Cornell Glen, Stern John, Kenwyne Jones, Russell Latapy, Collin Samuel, Jason Scotland, Evans Wise, Dwight Yorke

Trainer: Leo Beenhakker

Tschechien

Torhüter: Jaromir Blazek, Petr Cech, Antonin Kinsky

Abwehr: Zdenek Grygera, Marek Jankulovski, Martin Jiranek, Pavel Mares, David Rozehnal, Tomas Ujfalusi

Mittelfeld: Tomas Galasek, David Jarolim, Radoslav Kovac, Pavel Nedved, Jaroslav Plasil, Karel Poborsky, Jan Polak, Tomas Rosicky, Jiri Stajner

Angriff: Milan Baros, Marek Heinz, Jan Koller, Vratislav Lokvenc, Libor Sionko

Trainer: Karel Bruckner

Tunesien

Torhüter: Ali Boumnijel, Hamdi Kasraoui, Adel Nefzi

Abwehr: Anis Ayari, Karim Haggui, Radhi Jaidi, David Jemmali, Karim Saidi, Hatem Trabelsi, Alaeddine Yahia

Mittelfeld: Riadh Bouazizi, Adel Chedli, Kaies Ghodhbane, Hamed Namouchi, Sofiane Melliti, Jaouhar Minari, Mehdi Nafti

Angriff: Chaouki Ben Saada, Yassine Chikhaoui, Karim Essediri, Haykel Guemamdia, Zied Jaziri, Santos

Trainer: Roger Lemerre

Ein Spruch geht von Mund zu Mund:
Der Ball ist rund.

Doch ich lach' mich scheckig:
Der Ball war früher eckig!

Bloß blieb der oft vorm Tor liegen,
so dass keiner konnte siegen.

Und auch Kopfbälle taten richtig weh,
manch einer verstauchte sich den Zeh.

Kurzum: Dem Fußball ging's richtig dreckig,
weil der Ball war eckig.

Und so schlug ihm bald die letzte Stund',
und seitdem ist der Ball nun rund.

Siegmund Natschke (Münster)

Dem Schiedsrichter einen Vogel zu zeigen ist eine Beleidigung,

nur Schwalben haben eine Sonderstellung.

Andreas Sticklies (Gelsenkirchen)

Ukraine

Torhüter: Andriy Pyatov, Oleksandr Shovkovskyi, Bohdan Shust

Abwehr: Dmytro Chigrynskyi, Oleksandr Iatsenko, Andriy Nesmachnyi, Andriy Rusol, Vyacheslav Sviderskyi, Vladyslav Vashchuk, Vladimir Yezerskyi

Mittelfeld: Oleg Gusev, Andriy Gusin, Maksym Kalinichenko, Serhiy Nazarenko, Serhiy Rebrov, Ruslan Rotan, Oleg Shelayev, Anatoliy Tymoschuk

Angriff: Oleksiy Belik, Artem Milevskiy, Andriy Shevchenko, Andriy Vorobey, Andriy Voronin

Trainer: Oleg Blokhin

USA

Torhüter: Marcus Hahnemann, Tim Howard, Kasey Keller

Abwehr: Chris Albright, Gregg Berhalter, Carlos Bocanegra, Steve Cherundolo, Jimmy Conrad, Eddie Lewis, Pablo Mastroeni, Oguchi Onyewu, Eddie Pope

Mittelfeld: DaMarcus Beasley, Bobby Convey, Clint Dempsey, Landon Donovan, John O Brien, Ben Olsen, Claudio Reyna

Angriff: Brian Ching, Eddie Johnson, Brian Mc Bride, Josh Wolff

Trainer: Bruce Arena

Zitate - Sprüche während der WM 2006

Wenn man schlecht spielt und trotzdem 2:0 gewinnt, dann kann man sehr weit kommen. Das sollten gerade die Deutschen wissen.
Marco Streller
Schweizer Nationalspieler nach dem 2:0 Erfolg der Schweiz gegen Togo.

Er spricht auch auf Deutsch ohne Punkt und Komma.
Miroslav Klose
Über Lukas Podolski.

Er ist ein Geilmacher für uns.
Torsten Frings
über David Odonkor.

Wissenschaftler haben herausgefunden, daß Paare nach dem gemeinsamen Anschauen von Fußballspielen mehr Lust auf Sex haben. Das gilt auch für Delling und Netzer.
Harald Schmidt
über das Kommentatorenpaar Gerhard Delling und Günter Netzer.

Mörderische Fußballnachbarn

Wie gerne würde ich meine Nachbarn töten?

Die Antwort ist so naiv, wie erschütternd: Zu gerne.

Vor Jahren hat jemand zu mir gesagt: „Wir Menschen leiden unendlich darunter, nicht einfach den Typen von nebenan umbringen zu dürfen."

Damals habe ich gelacht. Aber damals habe ich auch den Typen von nebenan noch nicht gekannt. Heute lache ich nicht mehr.

Besonders nicht mehr um zwei Uhr morgens, wenn mich der Partylärm der Dauerfeier wach hält.

Seit zwei Jahren wohne ich nun schon in der Ulmenstrasse 13. Auf Englisch: Elmstreet 13. Das hätte mich als eingefleischten Horrorfilmfan schon vor dem Einzug stutzig machen können. – Hat es aber nicht.

Genauso wenig, wie die ersten Feiern. – In Ordnung, ich mag es genauso wenig wie die meisten anderen Leute, wenn bis mitten in der Nacht nebenan gefeiert wird. Aber meine Güte! Es gibt nun mal Geburtstage.

Aber es waren keinen Geburtstage und es waren auch keine Feiern.

Es war eine einzige Feier. – Zumindest rückblickend. Es gab keine Nacht in diesen zwei Jahren, in denen nicht im Garten nebenan gekickt und gefeiert wurde. Bei Wind und Wetter waren die Nachbarn draußen oder im Zelt.

Und es gab anscheinend immer einen Grund zum Feiern: erste Bundesliga, zweite Bundesliga, Regionalliga, Alte-Herren-Fußball, Kinderliga, Pampersliga, Kickerturniere...

Wussten Sie, dass Schlafmangel überaus aggressiv macht? Tagschlaf ist einfach nicht dasselbe wie Nachtschlaf. Ich kann mich nicht einmal mehr daran erinnern, wie es war, acht Stunden zu schlafen.

Nach einem Monat und den ersten Gewaltphantasien suchte ich das Gespräch mit den Nachbarn. Sie zeigten sich verständnisvoll: „Wenn Sie nicht schlafen können, kommen sie doch einfach rüber und kicken mit!"

Komischerweise wollen manche Leute nicht verstehen, dass man schlafen muss.

Glauben Sie es, oder lassen Sie es: Diese Nachbarn schliefen nicht! Sie guckten Fußball und kickten selber oder spielten Tischkicker bis vier Uhr morgens und waren um sechs Uhr morgens wieder auf der Straße um sich über ihre Erlebnisse in der letzten Nacht, die sie gemeinsam durchwacht hatten, auszutauschen. – Direkt unter meinem Schlafzimmerfenster!

Als nächstes rief ich jede Nacht die Polizei an. – Die kamen immer erst, wenn sich die Nachbarn für zwei Stunden in ihre Häuser zurückgezogen hatten.

Wahrscheinlich arbeitete einer von ihnen bei der Polizei. – Oder wahrscheinlicher: Er kannte jemanden, der bei der Polizei arbeitete und lud ihn zum Kicken ein.

Die Beschwerde bei der Mietgesellschaft brachte mir ein müdes Lächeln ein. Eine Unterschriftensammlung in der Wohnsiedlung führte zu der sagenhaften Anzahl von vier Unterschriften. – Die anderen waren mit meinen Nachbarn verwandt, spielten in ihrem Fußballverein oder im Kickerclub, gingen mit ihren Töchtern zur Schule oder ins Bett. Die restlichen Rentner, Frührentner, Langzeitarbeitslose, Krankenscheininhaber, Schichtdienstler und Wenigschlafkünstler feierten und kickten mit und sponserten die Dauerfeier.

Trotzdem erstattete ich Anzeige beim Ordnungsamt. Zwei Stunden später luden mich die Nachbarn wieder ein mitzukicken. Anscheinend hatten sie auch Freunde oder Mitglieder beim Ordnungsamt.

Dankend lehnte ich ab und bat sie darum, allen zu sagen, sie sollen leise sein. Kurz darauf hatte ich eine Packung Ohropax im Briefkasten.

Konnte ich gut gebrauchen, denn nun war der Bolzplatz des Kindergartens gegenüber fertig, was bedeutete, dass bis 12:30 Uhr Kinderjauchzen oder Geschrei zu hören war. Und ab 13:00 Uhr spielten die älteren Kinder dort Fußball.

Ich schickte die älteren Kinder weg. – Ihre Eltern hatten Gärten, sollten sie doch da spielen!

Schon am selben Abend um 23:30 Uhr unterhielten sich die Nachbarn auf der Straße, unter meinem Schlafzimmerfenster, über mich. Kinderfeindlich, hieß es. Unverschämt. Launisch. Spießig und gestresst.

Ach!! Welch Wunder! 23:30 Uhr, wieso war ich denn gestresst?!

Schlafen! Bitte! Vier Stunden am Stück wären toll, fünf ein Wunder, auf sechs wagte ich gar nicht mehr zu hoffen.

Vier Taxen, ein knutschendes Liebesschwurtauschendes Pärchen, eine kaputte Ehe, ein weinendes Kind das nicht Fußball spielen wollte, ein schreiendes Kind, das unbedingt Fußball spielen wollte, ein verschwundener und wiedergefundener Ball, fünf klingelnde Handys, drei Gesangseinlagen, ein lallender Prophet, der der Welt um vier Uhr morgens die Wahrheit über die Nationalelf als solche verkündete, ein Tischkickerturnier mit zwanzig Mannschaften und ein Torschusswettbewerb später, kam ich zu dreißig Minuten Schlaf, dann musste ich los.

An diesem Morgen überfuhr ich die Nationalelf der Nachbarn direkt vor meinem Zechenviertelhaus.

Glauben Sie, was Sie wollen, aber es war wirklich ein Unfall, auch wenn der Hund mit dem dümmsten Namen der Welt jede Nacht von vier bis sechs den Mond, den Ball oder was auch immer angeheult hat. – Genau in der Zeit, in der die Nachbarn ruhig waren. Wahrscheinlich mochte er keine Stille und füllte sie.

Die Nationalelf war selber Schuld! Hätte die verdammte Hündin mich einmal diese zwei Stunden schlafen lassen, wäre ich nicht am Steuer meines Rovers eingeschlafen und hätte sie nicht überfahren. Sie sehen: Mich trifft wirklich keine Schuld!

Meine Nachbarn sahen das anders. Typisch, sie haben ja diese zwei Stunden Schlaf bekommen. Nach einer Anzeige und einer Geldstrafe wurde drüben munter weiterkickt und gefeiert.

Es gab eine Todesfeier für den doofen Nationalelf-Hund mit Fußballturnier, eine Begräbnisfeier mit Kickerturnier, einen Monatstag mit Fußballerraten und schließlich einen neuen Hund, der Geburtstag hatte. Und Namenstag und Er-kann-endlich-mit-einem-Ball-spielen-Tag.

Immerhin bellte der neue Hund nicht, er jaulte. An Jaulen konnte man sich gewöhnen, es war so langgezogen, dass es die ganzen zwei Stunden dauerte. Doch kaum hatte ich mich an den Nachbarhund gewöhnt, kam die nächste Lärmbelästigung: „Ihr seid Fußballerabschaum! Das allerletzte! Übertriebene Mistfans" Ich gab dem Besitzer der Stimme insgeheim Recht. Aber musste er das mitten in der Nacht herausbrüllen? Und hatte er damit warten müssen, bis meine Nachbarn schliefen? Hätte er eher mit der Brüllerei angefangen, hätten die ihn wenigstens verprügelt.

Ich wollte ihm eins auf die Mütze geben. Ich bin kein gewalttätiger Mensch und irgendwie hatte er Recht. Aber es gab keinen Grund mitten in der Nacht unter meinem Fenster Recht zu haben.

Wer brauchte da noch Freddy? All meine Nachbarn und der Fußball waren mir viel näher als Freddy es mir in Träumen je sein würde. Außerdem waren die Nachbarn und Fußball viel schlimmer, denn beides kam immer wieder. Es gab kein Entkommen.

Auch nicht vor dem Jungen. Wieder unter meinem Fenster. – Wohnte denn sonst niemand in dieser Straße unter dessen Fenster er schreien konnte?

Als er fünf Minuten krakelt hatte, er würde Selbstmord begehen, begann er mir leid zu tun. Ich zog mir einen Morgenmantel über meinen Pyjama.

Als ich die Tür hinter ihm öffnete, wäre er fast vor Schreck gestorben. Ich gab ihm einen Strick, Paketband, einen Fußball den die Nachbarn mir geschenkt hatten und ging wortlos wieder ins Bett. Endlich war draußen Ruhe. Sogar der Hund schien zu schlafen.

Musste meine Glücksnacht sein!

Am nächsten Tag stand die Polizei vor meiner Tür. Der Junge hatte sich echt auf dem Ball stehend erhängt. – Immerhin hatte er es still getan.

Man befragte mich, genau wie man meine Nachbarn befragt hatte. Die hatten aber nichts gehört, weil sie mit Ohropax schliefen. Sonst konnten sie angeblich nicht schlafen! – Lachhaft!

Ich sei als einschlägiger Denunziant bekannt, jemand, der wegen jeder Kleinigkeit ausrasten würde, Fußball hasste und sogar einen Hund namens Nationalelf absichtlich überfahren hatte. Also verwunderte es niemanden, dass ich zu Protokoll gab, der Junge hätte Krawall gemacht. Man fand meine DNS auf dem Ball, auf dem er gestanden hatte und der dann, tödlich aber wahr, weggerollt war, und das genügte. Ich stand unter Mordverdacht.

Angeblich litt ich unter Insomnia. Die macht aggressiv und sorgt für Wahnvorstellungen. Selten so was Blödes gehört. Ich kann schlafen!

Wenn man mich mal ließe. Aber hier im Gefängnis ist es jede Nacht so laut, dass man seine eigenen Gedanken kaum hören kann.

Und dann wurde ich auch noch für die Knastfußballmannschaft ausgelost! – Aber wenigstens haben mir die Nachbarn zwecks besserer Eingewöhnung einen Fußball geschickt.

Jennifer Schreiner (Gelsenkirchen)

Gabriel Heinze Javier Mascherano Juan Sorín (2) Julio Cruz Maxi Rodriguez	**Argentinien**
Luke Wilkshire Tim Cahill Vince Grella	**Australien**
Adriano Cafú Juan (2) Lucio Ronaldo	**Brasilien**
Christoph Metzelder David Odonkor Lukas Podolski Tim Borowski Torsten Frings (2)	**Deutschland**
Carlos Tenorio Luis Valencia Ulises De la Cruz	**Ecuador**
Jamie Carragher John Terry (2) Owen Hargreaves Paul Robinson	**England**
Claude Makelele Florent Malouda Frank Ribéry Lilian Thuram Louis Saha (2) Patrick Vieira Willy Sagnol (2) Zinédine Zidane	**Frankreich**

Eric Addo John Pantsil Stephen Appiah Sulley Muntari	**Ghana**
Fabio Grosso Gennaro Gattuso Gianluca Zambrotta (2) Mauro Camoranesi	**Italien**
Francisco José Fonseca Gerardo Torrado José Antonio Castro Rafael Márquez	**Mexiko**
Mark van Bommel Rafael van der Vaart Wesley Sneijder	**Niederlande**
Costinha Luís Figo Maniche Nuno Valente Paulo Ferreira Petit (2) Ricardo Ricardo Carvalho (2) Ricardo Costa	**Portugal**
Marcus Allbäck Mattias Jonson	**Schweden**
Tranquillo Barnetta	**Schweiz**
Carles Puyol	**Spanien**
Artjom Milewski Maxim Kalinitschenko Wjatscheslaw Swiderski	**Ukraine**

Ein Stück Metall

Ein Stück Metall
von Pulver angetrieben
mit starkem Drall
dem Lauf entronnen
bohrt sich knirschend und mit Macht
dem Mann im Sessel ins Gehirn

Seine Pupillen weiten sich noch kurz
bevor sie brechen

dann sackt der Kopf nach vorn

Erst nichts –
dann fließt die rote Flüssigkeit
feuchtet das weiße Unterhemd
das stramm über dem Bauch gespannt
und sich sofort verfärbt

Die Flasche
die eben noch zum Mund geführt
verlässt die Hand in Richtung Fuß

Die Zigarette
grad qualmend noch im Ascher
wird nun von zarter Hand erdrückt

Aus dem Fernseher hört man:

Tooooooooor

Andreas Sticklies (Gelsenkirchen)

Foren-Assoziationen zu folgenden Worten:
Linie, Ecke, Grün, Gelb, Rot, Rasen Schuss, Latte, Pfosten,
Netz, Ball, Tor und WM.

Einige Begriffe wurden mehrfach genannt.

Wort	Was fällt Euch eigentlich ein?
Linie	---------| Streifen| Ecuador| Strich| Geometrie| Bahn
Ecke	Schäm dich| Geometrische Figur| Staub| Zimmer|
Grün	Ampel| Bullen| Dschihad| Draußen| Rasen| Jung|
Gelb	The King| Sonne| Kanarienvogel| Schleim| Ampel|
Rot	Unterwäsche| Spitze Sachen| Ausschlag| Liebe|
Rasen	Mähen| Mäher| Sense| Grün| Gänseblümchen|
Schuss	Pharisäer| Pistole| Alt mit...| Päng| Gewehr| Knall|
Latte	Morgens| *grins*| mir doch...| Zaun| Dach| Kaffee|
Pfosten	Bettpfosten| Typ| Ziege| Umfahren| Wäscheleine|
Netz	Strümpfe| Fisch| Petrus| Strumpfhosen| Hemd| Ball|
Ball	Fußball| Spiel| Rund| Kinder| Tanz| Tennis| Kugel|
Tor	Schlusspanik| Eckiges Ding| Fußball| Gewonnen|
WM	Konsum| Stau| Fußballspektakel| Fußball| Feiern|

Linie	Schaltplan| Figur|
Ecke	Geometrie| Missetäter| Gefährliche Dinger|
Grün	Ampel| Wiese|
Gelb	Ei| Herbst| Karte|
Rot	Powerfarbe| Ampel| Besonders beachten|
Rasen	Kinderspielplatz| Formel 1|
Schuss	Schießstand|
Latte	geometrischer Stadtplan| Weihnachtsbeleuchtung|
Pfosten	geometrischer Stadtplan| Tür|
Netz	Fische fangen| Tischtennis| Fischen|
Ball	Kinderspielplatz| Golf|
Tor	Rein schießen| geometrischer Stadtplan| Garage|
WM	Autokennzeichen Weilheim|

GELB-ROTE KARTEN

André	» **Angola**
Brett Emerton	» **Australien**
Cyril Domoraud	» **Elfenbeinküste**
Asamoah Gyan	» **Ghana**
Dario Simic (2) Josip Simunic	» **Kroatien**
Luis Pérez	» **Mexiko**
Giovanni van Bronckhorst (2) Khalid Boulahrouz	» **Niederlande**
Radoslaw Sobolewski	» **Polen**
Costinha (2) Deco	» **Portugal**
Teddy Lucic	» **Schweden**
Albert Nadj	» **Serbien-Montenegro**
Jean-Paul Abalo	» **Togo**
Avery John	» **Trinidad/Tobago**
Jan Polak	» **Tschechien**
Zied Jaziri	» **Tunesien**
Eddie Pope	» **USA**

ROTE KARTEN

Leandro Cufré	» **Argentinien**
Wayne Rooney	» **England**
Zinédine Zidane	» **Frankreich**
Marco Materazzi Daniele De Rossi	» **Italien**
Mateja Kezman	» **Serbien-Montenegro**
Tomas Ujfalusi	» **Tschechien**
Wladislaw Waschtschuk	» **Ukraine**
Pablo Mastroeni	» **USA**

Zitate - Sprüche während der WM 2006

Nein, ich denke nicht vor dem Tor. Das mache ich nie.
Lukas Podolski
*Auf die Frage, ob er vielleicht deswegen nicht mehr treffe, weil
er vor dem Tor über die Bedeutung der
Fußballweltmeisterschaft nachdenkt.*

Was soll ich sagen, ich mag diese Zahl. Nächste Frage!
Raymond Domenech
*Frankreichs Fußball-Nationaltrainer
auf die Umfrage einer Zeitung, der zufolge 69 Prozent der
Befragten Weltstar Zinedine Zidane im Nationalteam durch
Franck Ribery ersetzt sehen wollen.*

Die werden mit dem Messer zwischen den Zähnen auf uns
losgehen.
Miroslav Klose
Vor dem Spiel gegen Polen.

Ich bin auch nur ein Mensch und komme nicht vom Mars.
Francesco Totti
*Italienischer Fußballstar auf die Frage nach Gründen seiner
schwachen Leistung im Spiel gegen USA.*

TORSCHÜTZENLISTE

Flavio (1)	**Angola**
Hernan Crespo (3) Maxi Rodriguez (3) Esteban Cambiasso (1) Ayala (1) Lionel Messi (1) Javier Saviola (1) Carlos Tevez (1)	**Argentinien**
Tim Cahill (2) John Aloisi (1) Harry Kewell (1) Craig Moore (1)	**Australien**
Ronaldo (3) Adriano (2) Fred (1) Gilberto (1) Juninho (1) Kaka (1)	**Brasilien**
Paulo Wanchope (2) Ronald Gomez (1)	**Costa Rica**
Miroslav Klose (5) Lukas Podolski (3) Bastian Schweinsteiger (2) Torsten Frings (1) Philipp Lahm (1) Oliver Neuville (1)	**Deutschland**
Agustin Delgado (2) Carlos Tenorio (2) Ivan Kaviedes (1)	**Ecuador**

Aruna Dindane (2) Didier Drogba (1) Bonaventure Kalou (1) Bakary Koné (1)	**Elfenbeinküste**
Steven Gerrard (2) David Beckham (1) Joe Cole (1) Peter Crouch (1)	**England**
Thierry Henry (3) Zinedine Zidane (3) Patrick Vieira (2) Franck Ribéry (1)	**Frankreich**
Stephen Appiah (1) Haminu Dramani (1) Asamoah Gyan (1) Sulley Muntari (1)	**Ghana**
Sohrab Bakhtiarizadeh (1) Yahya Golmohammadi (1)	**Iran**
Marco Materazzi (3) Luca Toni (2) Alberto Gilardino (1) Fabio Grosso (1) Vincenzo Iaquinta (1) Filippo Inzaghi (1) Alessandro del Piero (1) Andrea Pirlo (1) Francesco Totti (1) Gianluca Zambrotta (1)	**Italien**
Shunsuke Nakamura (1) Keiji Tamada (1)	**Japan**

Ahn Jung-Hwan (1) Lee Chun-Soo (1) Park Ji-Sung (1)	**Korea**
Niko Kovac (1) Darijo Srna (1)	**Kroatien**
Omar Bravo (2) Francisco Fonseca (1) Rafael Marquez (1) Zinha (1)	**Mexiko**
Arjen Robben (1) Ruud van Nistelrooy (1) Robin van Persie (1)	**Niederlande**
Nelson Cuevas (1)	**Paraguay**
Bartosz Bosacki (2)	**Polen**
Maniche (2) Deco (1) Nuno Gomes (1) Pauleta (1) Cristiano Ronaldo (1) Simao (1)	**Portugal**
Sami Al-Jaber (1) Yaser Al-Kahtani (1)	**Saudi-Arabien**
Fredrik Ljungberg (1) Marcus Allbäck (1) Henrik Larsson (1)	**Schweden**
Alex Frei (2) Tranquillo Barnetta (1) Philippe Senderos (1)	**Schweiz**

Sasa Ilic (1) Nikola Zigic (1)	**Serbien & Montenegro**
Fernando Torres (3) David Villa (3) Xabi Alonso (1) Juanito (1) Raul (1)	**Spanien**
Mohamed Kader (1)	**Togo**
Tomas Rosicky (2) Jan Koller (1)	**Tschechien**
---	**Trinidad & Tobago**
Radhi Jaidi (1) Zied Jaziri (1) Jaouhar Mnari (1)	**Tunesien**
Andrej Schewtschenko (2) Maxim Kalinitschenko (1) Sergej Rebrow (1) Andrej Russol (1)	**Ukraine**
Clint Dempsey (1)	**USA**

EIGENTORE

Cristian Zaccardo	**Italien**
Carlos Gamarra	**Paraguay**
Petit	**Portugal**
Brent Sancho	**Trinidad und Tobago**

WM, WM, wir freu'n uns auf die WM!

Alle warten auf den Anpfiff,

sehen nur noch rundes Leder -

wünschen einen guten Angriff,

fiebern tut doch jetzt fast jeder.

Die Städte werden schön geschmückt,

man übt sich in der Höflichkeit -

im Werbespot schön ausgedrückt,

zeigt man galante Nettigkeit.

Fußballstars als Visionäre,

öffnen weit die Autotüren -

nötig sind doch Millionäre,

ohne große Starallüren.

WM, WM, es klingt so schön,

wieder gibt es Brot und Spiele -

die wenigsten dahinter seh'n,

Arbeitslose gibt's zu viele.

Streut dem Pulk Sand in die Augen,

das ist die alte Rezeptur -

aber sauer sind die Trauben,

in der modernen Sub-Kultur.

Geld, das hat man für Promotion,

Bildleinwände und für Blumen -

für die Armuts-Prohibition,

fällt nicht ab der kleinste Krumen.

Wieder einen Grund zum Feiern,

laut lachen auch beim größten Patt -

alles rundum auszuleiern,

niemand wird jedoch davon satt!

Hier zählt nur noch das Prestige,

großkotzig zeigen wir der Welt -

unsere „Halt-durch"-Devise,

bevor man auf die Schnauze fällt.

Wie sich alle närrisch freuen,

über eine Handvoll Narren -

und dann später laut bereuen,

wenn im Dreck er liegt, der Karren!

Elisabeth Rosing (Weinstadt)

Zitate - Sprüche während der WM 2006

Natürlich üben wir im Training manchmal das Spiel elf gegen zehn. Aber zehn gegen neun, nein, damit hatte ich noch keine Erfahrung.
Bruce Arena
Trainer der US-Amerikaner, über die Situation nach drei Platzverweisen im Spiel gegen Italien.

Die Engländer brauchen Regen, wenn sie Weltmeister werden wollen.
Roque Santa Cruz
Nach dem 0:1 gegen England

Wenn man keinen Plan hat, muss man Glück haben. Aber ich hatte den Plan, das Glück zu erzwingen.
Guus Hiddink
Australiens Trainer nach dem 3:1 Erfolg gegen Japan.

Der Sieg war verdient und psychologisch unglaublich wichtig.
Angela Merkel
Die Bundeskanzlerin über den 1:0 Erfolg gegen Polen.

SCHLUSSBLICK

Fußball Weltmeister 2006
Italien

Vize Weltmeister 2006
Frankreich

Gewinner des "Goldenen Schuhs" von Adidas
Miroslav Klose - Deutschland

Gewinner des "Silbernen Schuhs" von Adidas
Hernan Crespo - Argentinien

Gewinner des "Bronzenen Schuhs" von Adidas
Ronaldo - Brasilien

Gewinner des "Goldene Balls" von Adidas
Zinedine Zidane - Frankreich

Gewinner des "Silbernen Balls" von Adidas
Fabio Cannavaro - Italien

Gewinner des "Bronzenen Balls" von Adidas
Andrea Pirlo - Italien

Bester "Junger Spieler" der WM
 Lukas Podolski - Deutschland

Anzahl der Tore während der WM   **147**

Nation mit den meisten geschossenen Toren
Deutschland mit insgesamt 14 Toren

Höchster Sieg während der WM
Argentinien besiegt Serbien & Montenegro mit 6:0

Nationen mit den meisten gelben Karten während der WM
Portugal mit insgesamt 24 gelben Karten

Spieler mit den meisten Fouls während der WM
Thierry Henry von Frankreich mit insgesamt 20 Fouls

Spieler mit den meisten gelben Karten während der WM
**Costinha von Portugal und Asamoah Gyan von Ghana
erhielten während der WM jeweils 4 gelbe Karten**